Bibliografische Information der Deutschen Nationalbibliothek:

Die Deutsche Bibliothek verzeichnet diese Publikation in der Deutschen National-
bibliografie; detaillierte bibliografische Daten sind im Internet über http://dnb.d-
nb.de/ abrufbar.

Impressum:

Copyright © 2017 GRIN Verlag
Druck und Bindung: Books on Demand GmbH, Norderstedt Germany
ISBN: 9783668640214

Dieses Buch bei GRIN:

https://www.grin.com/document/412492

Niklas Hurtig

Die Billigkeitshaftung nach § 829 BGB. Eine kurze Betrachtung der vier Tatbestandsmerkmale

GRIN Verlag

GRIN - Your knowledge has value

Der GRIN Verlag publiziert seit 1998 wissenschaftliche Arbeiten von Studenten, Hochschullehrern und anderen Akademikern als eBook und gedrucktes Buch. Die Verlagswebsite www.grin.com ist die ideale Plattform zur Veröffentlichung von Hausarbeiten, Abschlussarbeiten, wissenschaftlichen Aufsätzen, Dissertationen und Fachbüchern.

Besuchen Sie uns im Internet:

http://www.grin.com/

http://www.facebook.com/grincom

http://www.twitter.com/grin_com

Die Billigkeitshaftung nach § 829 BGB

Jens Leichsenring

Recht 1

Marketing / technische Betriebswirtschaftslehre

Niklas Hurtig

Hamburg, den 18. Dezember 2017

Literaturverzeichnis

Soergel, Hans-Theodor / Spickhoff, Andreas
Bürgerliches Gesetzbuch mit Einführungsgesetz
und Nebengesetzen (BGB)
Band 12, Schuldrecht 10: §§ 823-853 BGB;
ProdHG; UmweltHG
13. Auflage, 2005
(zitiert als: Soergel-Spickhoff)

Fuchs, Maximilian / Pauker, Werner
Delikts- und Schadensersatzrecht (Springer-
Lehrbuch)
8. Auflage, 2012
(zitiert als: Fuchs-Pauker)

Larenz, Karl / Canaris, Claus-Wilhelm
Lehrbuch des Schuldrechts
Band II/2: Besonderer Teil/ 2. Halbband
13. Auflage, 1994
(zitiert als: Larenz-Canaris)

Erman, Lutz / Schiemann, Gottfried
BGB
Kommentar
15. Auflage, 2017
(zitiert als: Erman-Schiemann)

Palandt, Otto
Bürgerliches Gesetzbuch: BGB
Kommentar
76. Auflage, 2016
(zitiert als: Palandt, BGB Kommentar)

Prütting / Wegen / Weinreich
Bürgerliches Gesetzbuch: BGB
Kommentar
12. Auflage, 2017
(zitiert als: PWW)

Jauernig, Othmar / Teichmann, Arndt
Bürgerliches Gesetzbuch: BGB
Kommentar
16. Auflage, 2015
(zitiert als: Jauernig-Teichmann)

Looschelders, Dirk
Schuldrecht: Besonderer Teil
12. Auflage, 2017
(zitiert als: Looschelders, Schuldrecht BT)

Schwarz, Günter Christian / Wandt, Manfred
Gesetzliche Schuldverhältnisse
Deliktsrecht – Schadensrecht – Bereicherungs-
recht – GoA
4. Auflage, 2011
(zitiert als: Schwarz-Wandt)

Inhaltsverzeichnis

1

Gutachten

A.   Einleitung

Der § 829 des BGB[1] regelt die sogenannte Ersatzpflicht aus
Billigkeitsgründen und stellt somit eine Ausnahme der Ver-
schuldensgrundsätze nach § 276 BGB dar. Die damit verbun-
dene Ersatzpflicht umfasst die Problematik, dass ein Schädiger nach den §§ 823 bis 826 BGB für eine deliktsrechtliche
Haftung gemäß §§ 827, 828 BGB nicht infrage kommt, er
aber unter engen Voraussetzungen dennoch der Ersatzpflicht
des verursachten Schadens nachkommen soll[2]. Dabei ist zu
beachten, dass die Haftung grundsätzlich nicht ausgeschlossen ist und deliktsrechtliche Handlung das Bestehen individu-
eller Verantwortlichkeit des Schädigers voraussetzt. Der aus
einer unerlaubten Handlung entstandene Schaden ist somit
vom Schädiger zu ersetzten. Allerdings ist dies nur der Fall,
wenn kein aufsichtspflichtiger Dritter für den Schaden auf-
kommen kann[3]. Zusätzlich kann nur in dem Umfang ersetzt
werden, welcher dem Schädiger erlaubt, weiterhin seinen gesetzlichen Unterhaltspflichten nachzukommen und ihm nicht
die Mittel entzogen werden, die er braucht, um seinen eigenen Unterhalt angemessen zu bestreiten.[4]

Die tatbestandlichen Voraussetzungen der Billigkeitshaftung
nach § 829 BGB beinhalten zum Ersten, ob überhaupt der
Tatbestand einer unerlaubten Handlung vorliegt. Wie bereits
erwähnt muss die Haftung des Schädigers aufgrund der §§
827 oder 828 ausgeschlossen sein und es darf kein realisier-
barer Anspruch des Geschädigten gegen einen

---

[1] Bürgerliches Gesetzbuch.
[2] Soergel-Spickhoff, § 829 Rn. 1.
  Beachte auch Larenz-Canaris SBT 2 § 84 VII 2 b.
[3] Erman-Schiemann § 829 Rn. 2.
[4] Palandt, BGB Kommentar, § 829 Rn. 1.

aufsichtspflichtigen Dritten vorliegen.

Im Folgenden sollen die vier Tatbestandsmerkmale genauer erläutert werden und unteranderem anhand von Fällen des Bundesgerichtshofs[5] die Problematik der Auslegung der Norm näher beleuchtet werden. Dieses beinhaltet außerdem, dass die Rechtsprechung sich nicht immer einig ist, in wieweit ein bestehender Haftpflichtversicherungsschutz des Handelnden unter dem Tatbestandsmerkmal der Billigkeit zu berücksichtigen ist.[6]

B.   Tatbestandsmerkmale des § 829 BGB

I.   Tatbestand der unerlaubten Handlung nach § 823

Aufgrund des Verweises auf die §§ 823 ff. BGB muss der Tatbestand einer deliktsrechtlichen Handlung vorliegen. Der objektive Tatbestand bezeichnet eine deliktische Handlung nach den §§ 823-826. Das heißt der Schädiger begeht eine Rechtsgutsverletzung an dem Geschädigten, wie z.B. an den Schutzgütern Leben, Körper, Gesundheit und Freiheit, aber auch Eigentum[7], welches gemäß dem § 823 I dem des Sachenrechts entspricht. Der Schädiger muss außerdem die Rechtsgutsverletzung zu verschulden haben, um den Tatbestand zu erfüllen.[8]

Definition von 823 und fußnoten

---

[5] Im Folgenden BGH
[6] PWW, Schaub §829 Rn. 6
[7] Jauernig-Teichmann § 829 Rn. 1.
[8]

II.   Ausschluss der Haftung gemäß §§ 827, 828

Die Billigkeitshaftung des § 829 kann erst greifen, wenn eine
fehlende Deliktsfähigkeit aufgrund von Ausschluss und Minderung der Verantwortlichkeit nach § 827 oder wegen Minderjährigkeit nach § 828 vorliegt.

1. Ausschluss und Minderung der Verantwortlichkeit
§ 827

Grundsätzlich und unabhängig vom Alter sind Personen verschuldensunfähig, die bewusstlos sind, oder eine krankhafte
Störung der Geistestätigkeit haben, wodurch die freie Willensbestimmung ausgeschlossen wird. Die Ausnahme bildet
der S. 2, wonach dem Schädiger Fahrlässigkeit zur Last fällt,
wenn er durch geistige Getränke oder sonstige Mittel den o.g.
Zustand herbeigeführt hat, es sei denn, dies geschah ohne
Verschulden.[9]

2. Minderjährigkeit § 828

Bei Kindern und Jugendlichen richtet sich die Verschuldens-
fähigkeit grundsätzlich nach dem Alter und dem Gefahrenbe-
reich, d.h. innerhalb oder außerhalb des motorisierten Straßenverkehrs.[10] Beim Alter ist zwischen drei Altersgruppen zu
unterscheiden.

a)   Unter 7 Jahren

Nach § 828 Abs. 1 sind Kinder vor Vollendung des 7. Lebens-
jahres gänzlich Verschuldensunfähig.[11]

---

[9] Schwarz-Wandt, § 16. Grundtatbestand des § 823 Abs. 1 Rn. 169.
[10] Zur Unzurechnungsfähigkeit von Kindern in Verkehrssituationen vgl.
Oechsler, NJW 2009, 3185.
[11] Schwarz-Wandt, § 16. Grundtatbestand des § 823 Abs. 1 Rn. 169 1.

4

b)   Zwischen 7 und 10 Jahren

Gemäß dem § 828 Abs. 2 können Kinder, die zwischen 7 und
10 Jahren alt sind, nicht für einen Schaden, der im Umfeld des
motorisierten Straßenverkehrs entstanden ist, verantwortlich
gemacht werden. Dies hängt vor allem damit zusammen, dass
Kinder dieses Alters mit Gefahrensituationen im motorisierten
Verkehr regelmäßig überfordert sein dürfen. Vor allem bei der
Beurteilung von Geschwindigkeiten und Entfernungen ergeben sich elementare Schwierigkeiten.[12]

**c)   Über 7 (im motorisierten Straßenverkehr über 10)
und unter 18 Jahren**

Minderjährige, die das 7. (im motorisierten Straßenverkehr das
10.) Lebensjahr, aber noch nicht das 18. Lebensjahr vollendet
haben, können Verschuldensunfähig sein, wenn sie bei der Be-
gehung der schädigenden Handlung nicht die zur Erkenntnis
der Verantwortlichkeit erforderliche Einsichtsfähigkeit besit-
zen.[13] Wer jedoch die geistige Entwicklung erreicht hat und
erkennen kann, dass seine Handlung unrechtmäßig ist, sowie
erkennt, dass er für die Folgen seines Tuns in irgendeiner
Weise einstehen muss, der besitzt die erforderliche Einsicht.[14]

III.   Keine Ersatzpflicht eines Dritten (§ 832)

Weiterhin ist zu prüfen, ob der entstandene Schaden nach
§ 832 durch einen Aufsichtspflichten Dritten zu ersetzen ist.
Die Haftung gegenüber dem Anspruch aus § 832 ist subsidiär,
wobei es keine Rolle spielt, ob ein aufsichtspflichtiger Dritter

---

[12] PWW, Schaub, § 828 Rn. 7.
[13] Schwarz-Wandt, § 16. Grundtatbestand des § 823 Abs. 1 Rn. 169 3.
[14] BGH LM § 276 BGB (Be) Nr. 2 = VersR 1954, 119 119; BGH LM
§ 828 BGB Nr. 1

nicht vorhanden ist, der Anspruch gegen ihn nicht realisierbar ist, oder ob er sich nach dem § 832 Abs. 1 S. 2 entlastet hat.[15]

Sind die Voraussetzungen des § 832 somit nicht erfüllt, kann erst die Billigkeitshaftung nach § 829 greifen. Hierbei ist es unerheblich, aus welchen Gründen.[16]

IV. Billigkeit

Bei der Billigkeit handelt es sich um die letzte Tatbestandsvorraussetzung, die aufgrund der Formulierung des § 829 am meisten (Auslegungs-)Spielraum bietet.

Billigkeit heißt im Allgemeinen so viel, wie „Gerechtigkeit" oder „Rechtmäßigkeit"[17], d.h. es soll je nach Einzelfall entschieden werden, was angemessen ist. Bei einem verursachten Schaden muss schließlich die Billigkeit die Schadloshaltung geradezu fordern. Daraus ergibt sich schon, dass für die Billigkeit als relevante Umstände die Verhältnisse zwischen den Beteiligten zu nennen sind.[18] Ein nicht unerhebliches wirtschaftliches Gefälle zwischen den beteiligten Parteien ist oft ausschlaggebend, ob und in wieweit der Schädiger Schadensersatz leisten muss[19], weshalb der § 829 auch oft als „Millionärsparagraph" bezeichnet wird.[20] Es sind jedoch weiterhin die gesamten Umstände des Falles zu beachten, insbesondere auch die Besonderheiten der die Schadensersatzpflicht auslösenden Handlung.[21] Weiterhin ist sich die Rechtsprechung im Rahmen des § 829 nicht einig, inwieweit eine Haftpflichtversicherung des Schädigers Einfluss auf die Entscheidung und den Rahmen

[15] Erman-Schiemann, § 829 Rn. 2.
[16] PWW, Schaub, § 829 Rn. 4.
[17] Vgl. Duden – Die deutsche Rechtschreibung: „Billigkeit".
[18] Fuchs-Pauker, S. 211
[19] Looschelders, Schuldrecht BT Rn. 1197.
[20] BGHZ 76, 279 (284)
[21] BGHZ 23, 90, 99.

des Schadensersatzes haben darf, was unteranderem im weiteren Verlauf dieser Arbeit detaillierter diskutiert werden soll.

Der BGH unterscheidet zwischen einer freiwilligen und einer obligatorischen Haftpflichtversicherung, da bei der freiwilligen Versicherung versicherungsrechtlich der Schutzaspekt nicht so stark verankert sei, wie bei der obligatorischen Haftpflichtversicherung.[22] Als letzten Bestandteil der Billigkeit als Tatbestandsvoraussetzung ist zu nennen, dass durch einen entstehenden Schadensersatzanspruch gegen den Schädiger diesem dadurch nicht die Mittel zum angemessenen Unterhalt seiner selbst bzw. die zur Erfüllung der gesetzlichen Unterhaltspflichten entzogen werden dürfen.[23]

C.   Regelung der Beweislast

Um Schadensersatz zu bekommen, trägt der Geschädigte die Beweislast für die Voraussetzungen des Schadensersatzanspruchs. Außerdem muss er beweisen, dass kein Ersatz von einem aufsichtspflichtigen Dritten zu erlangen ist und die Voraussetzungen der Billigkeitshaftung vorliegen.

Auf der anderen Seite hat der Schädiger die Darlegungs- und Beweispflicht dafür, dass ihm im Falle des Schadensersatzes die Mittel für den eigenen Unterhalt bzw. zur Erfüllung gesetzlicher Unterhaltspflichten entzogen würden.

Grundsätzlich ist es sinnvoll, jedem Beteiligten eines Falles die Darlegungs- und Beweislast für seine wirtschaftlichen Verhältnisse aufzuerlegen.[24]

---

[22] BGHZ 76, 279, 286.
[23] Erman-Schiemann § 829 Rn. 3.
[24] PWW, Schaub, § 829 Rn. 10.

D. Rechtsfolgen

Soweit die Billigkeit es erfordert und die Tatbestände somit erfüllt sind, muss der entstandene Schaden ganz oder teilweise ersetzt werden. Nach der Ausweitung des Schmerzensgeldes auf Fälle der Gefährdungshaftung, kann im Gegensatz zu früherer Zurückhaltung der Rechtsprechung im Hinblick auf Schmerzensgeld der § 829 in weiterem Umfang herangezogen werden. [25] Die Schadensansprüche aus der Billigkeitshaftung beziehen sich somit nicht mehr nur auf materielle Entschädigung. Diese Ansicht ist vielmehr überholt und es werden auch immaterielle Ansprüche, wie beispielsweise Schmerzensgeld, berücksichtig.[26]

E. Verjährung

Die Verjährung richtet sich nach den allgemeinen Regelungen des BGB. Dabei sind insbesondere die §§ 195 und 199 einschlägig. Die Verjährungsfrist beginnt nach § 199 zulaufen, wenn der Anspruch entstanden ist. Sie beginnt somit, wenn der Geschädigte von der Verschuldensunfähigkeit des Schädigers erfährt und davon Kenntnis hat, dass kein Ersatz von einem aufsichtspflichtigen Dritten zu erlangen ist.[27]

F. Überleitung

Folgend soll sich näher mit der Auslegungsproblematik auseinandergesetzt werden und die Bedeutung einer Haftpflichtversicherung erläutert werden. Darüber hinaus werden Fälle und Entscheidungen von Gerichten in Zivilsachen zur Anschauung herangezogen, welche anhand der aktuellen Rechtsprechung

---

[25] PWW, Schaub, § 829 Rn. 9.
[26] BGHZ 127, 186, 193.
[27] RGZ 94, 220, 222; 133, 1, 3.

diskutiert werden. Da die genannten Problematiken schon aufgrund der Norm der Billigkeit und Auslegung zuzuschreiben ist, wird auf eine klare Differenzierung verzichtet.

G. Streitgegenstand des § 829

I. Der Fall Lokführer

Der Kläger ist Lokführer und beabsichtigte, am Hauptbahnhof Hannover vom dortigen Gleis 11 abzufahren. Zu diesem Zeitpunkt saß der Beklagte zunächst unauffällig auf einer Bank am Bahnsteig, bevor er auf- und sodann unvermittelt vor den anfahrenden Zug ins Gleisbett sprang. Der Beklagte ist seit längerem psychisch erkrankt und drogenabhängig. Er stand im Zeitpunkt des Vorfalls unter Betreuung und befand sich wegen einer akuten Psychose in einem die freie Willensbestimmung ausschließenden Zustand krankhafter Störung der Geistestätigkeit.

Glücklicherweise konnte der Kläger den Zug noch mittels Schnellbremsung rechtzeitig stoppen, so dass der Beklagte unverletzt blieb. Der Kläger hingegen litt infolge des Vorfalls unter einer posttraumatischen Belastungsstörung und verklagte den haftpflichtversicherten Beklagten vor dem Landgericht Hannover auf Zahlung eines Schmerzensgeldes in Höhe von mindestens 6.000,00 EUR.[28]

II. Analyse

1. Einleitende Rahmenbedingungen des Falls

Beim oben genannten Fall wurde vom Kläger Urteile über mehre Instanzen nicht akzeptiert und er ist in Revision

---

[28] Tatbestand LG Hannover Urt. v. 13.4.2015 – 1 O 85/14, BeckRS 2015, 116501.

gegangen. Der Fall wurde somit auf verschiedenen Ebenen bis hin zum BGH behandelt und diskutiert, wie die Norm § 829 auszulegen ist.

Zunächst soll aber eine rechtliche Einordnung gegeben werden.

2. Rechtliche Einordnung und Problemstellung

Die maßgeblichen Vorschriften des vorliegenden Falles sind die §§ 827 Satz 1 und 829 BGB.

Der Kläger verlangt zwar Schadensersatz, jedoch kann der § 823 Abs. 1 als klassische Anspruchsgrundlage nicht einschlägig sein, da der Schädiger bzw. Beklagte durch seinen Zustand krankhafter Störung der Geistestätigkeit und psychischen Erkrankung nach § 827 nicht verschuldensfähig ist. Es kann allenfalls ein Schadensersatzanspruch aus der Billigkeitshaftung nach § 829 ergeben.[29]

§ 829 wird häufig als „Millionärsparagraph" beschrieben. Dieser Beschreibung liegt – durchaus treffend – ein anschauliches Beispiel für den Anwendungsbereich der Vorschrift zugrunde: Jemand, der über ausreichende finanzielle Mittel verfügt („Millionär") soll trotz seiner rechtlichen Nichtverantwortlichkeit dem Geschädigten dennoch einen Ausgleich leisten, wenn dieser ohne die Zahlung existenzielle Probleme bekäme.[30] Die rechtliche Grundlage einer verschuldensabhängigen Haftung wird von § 829 mehr oder weniger ausgeblendet und versucht an dessen Stelle eine Gerechtigkeitsbetrachtung zusetzten, die von Fall zu Fall entschieden werden muss. Gerechtigkeit wird von den Gerichten, so auch im vorliegenden Fall, grundsätzlich anhand folgender Kriterien ab gewägt: Wie hart trifft den

---

[29] OLG Celle Urt. v. 24.9.2015 – 5 U 48/15, BeckRS 2015, 116500, Rn. 10.
[30] Fuchs-Pauker S. 212-213

Geschädigten sein Schicksal, ist es gegebenenfalls sogar existenziell? Wie hart trifft es den Schädiger, wenn er trotz seiner rechtlichen Nichtverantwortlichkeit einen Ausgleich leisten würde? Weiterhin müssen die wirtschaftlichen Verhältnisse der beteiligten Parteien betrachtet werden. Diese sind im Rahmen der Abwägung zwar das primäre heranzuziehende Abwägungskriterium, es müssen jedoch auch die weiteren Umstände des Einzelfalls beachtet werden. Dazu gehören unter anderem die Schwere der Verletzung, trägt der geschädigte einen Dauerschaden oder eine Minderung der Erwerbsfähigkeit nach sich? Weiterhin ist wichtig, wie die beiderseitigen Verursachungsanteile sind und was der Anlass der Tat ist.[31]

3. Entscheidungen des Bundesgerichtshofes

a) Verhältnisse der Beteiligten

Der BGH betont in seiner Entscheidung ausdrücklich, dass die Billigkeitshaftung und somit der Schadensersatz als Rechtsfolge aus § 829 eine Ausnahmeregelung darstellt. Daraus ergibt sich, dass nicht alleine die Billigkeit als Kriterium ausreicht, sondern entsprechend des Wortlautes der Vorschrift auch die gesamte Umstände die Haftung für nötig begründen.

Es bedarf mithin einer zweiseitigen Betrachtung: Einerseits ist zu hinterfragen, ob der Schädiger sich einen Ausgleich erlauben kann. Auf der anderen Seite, ob der Geschädigte auf einen solchen Ausgleich überhaupt angewiesen ist. Die Voraussetzungen für die Annahme einer Billigkeitshaftung sind nach Auffassung des BGH hoch zu priorisieren und zu hinterfragen.[32] Im weiteren Sinne heißt dies, wenn der schuldlos handelnde Schädiger über ein Vermögen verfügt, ihm somit ein

[31] OLG Celle Urt. v. 24.9.2015 – 5 U 48/15, BeckRS 2015, 116500, Rn. 10 & 12.
[32] BGH, Urt. v. 29.11.2016 – VI ZR 606/15 (OLG Celle), Rn. 9.

11

finanzieller Ausgleich nicht beeinträchtigen würde und damit
die Gerechtigkeitsgesichtspunkte gegeben zu sein scheinen,
bedeutet dies noch nicht, dass er automatisch zur Haftung ver-
pflichtet ist. Es ist zusätzlich erforderlich, dass der Geschädigte diesen finanziellen Ausgleich auch zwingend braucht.
Die Schadloshaltung ist daher nur erforderlich, wenn zwischen
den Beteiligten ein deutliches wirtschaftliches Gefälle zugunsten des Schädigers vorliegt.[33]

b)   Einbeziehung einer Haftpflichtversicherung

Im vorliegenden Fall verfügt der Schädiger über kein Vermögen. Er ist jedoch über seine Mutter haftpflichtversichert und
es stellt sich sogleich die Frage, ob durch das Bestehen einer
solchen eintrittspflichtigen Versicherung ein wirtschaftliches
Gefälle zu Gunsten des Geschädigten angenommen werden
kann.

Der BGH differenziert hier zwischen einer freiwilligen Haftpflichtversicherung und einer Pflichthaftpflichtversicherung,
wie es beispielsweise bei einer Kraftfahrzeughaftpflichtversi-
cherung nach § 3 PflVersG[34] der Fall ist.

Nach aktueller Rechtsprechung soll nur eine Pflichthaftpflichtversicherung zur Beurteilung der Vermögenslage des Schädigers herangezogen werden können und anspruchsbegründend
wirken. Die freiwillige Haftpflichtversicherung hingegen darf
nicht zur Vermögensanrechnung hinzugezogen werden und
somit kein wirtschaftliches Gefälle begründen[35]. Dies würde
gegen das so genannte Trennungsprinzip in der Haftpflichtversicherung verstoßen[36], welches folgend kurz erläutert werden
soll.

---

[33] PWW, Schaub, Rn. 5.
[34] Gesetz über die Pflichtversicherung für Kraftfahrzeughalter.
[35] BGHZ 76, 279, 286.
[36] PWW, Schaub Rn. 6.

aa) Trennungsprinzip in der Haftpflichtversicherung

Das Trennungsprinzip in der Haftpflichtversicherung be-
schreibt die strikte Trennung zwischen Haftungsverhältnis einerseits und Bestehen einer Haftpflichtversicherung im so genannten Deckungsverhältnis andererseits.

Das bedeutet, dass der Haftpflichtversicherer eintrittspflichtig
ist, wenn eine Haftung des Versicherungsnehmers besteht, die
Haftung des Versicherungsnehmers (in diesem Fall der psychisch erkrankte Schädiger) aber nicht durch das Bestehen einer Haftpflichtversicherung begründet wird.

Während die Pflichthaftpflichtversicherung in erster Linie den
Schutz des Geschädigten bezwecke, diene die freiwillige Haftpflichtversicherung in erster Linie dem Schutz des Schädigers.
Dies werde dadurch deutlich, dass dem Geschädigten nur in
der Pflichthaftpflichtversicherung ein Direktanspruch nach
§ 115 VVG[37] zugestanden werde, während in der freiwilligen
Haftpflichtversicherung der Schädiger gegen seinen Haftpflichtversicherer einen Anspruch auf Abwehrdeckung habe.
Ein Freistellungsanspruch bestünde hingegen erst bei Feststel-
lung der Haftung. Wenn eine solche Haftung nicht feststünde,
dann können allein das Bestehen der Haftpflichtversicherung
auch nicht als Vermögensfaktor, der ja mangels Haftung im
Grunde wertlos ist, berücksichtigt werden.[38]

Im hier vorliegenden fall kann alleine das bestehen eines Ver-
sicherungsschutzes des Schädigers somit nicht alleine die Billigkeitshaftung auslösen.[39]

---

[37] Gesetz über den Versicherungsvertrag.
[38] BGH, Urt. v. 29.11.2016 – VI ZR 606/15 (OLG Celle), Rn. 10.
[39] BGH, Urt. v. 29.11.2016 – VI ZR 606/15 (OLG Celle), Rn. 11.

c)   Zwischenfazit: Verhältnisse der Beteiligten und Einbeziehung einer Haftpflichtversicherung

Nur eine Pflichthaftpflichtversicherung auf Seiten des Geschädigten ist bei der Abwägung zu berücksichtigen, ob dem Schädiger trotz fehlenden Verschuldens eine Haftung zugunsten des Schädigers aufgebürdet werden soll. Eine freiwillige Haftpflichtversicherung hat im Rahmen der Abwägung außen vor zu bleiben.

Wenngleich die Auffassung des BGH im Ergebnis zutreffend ist und das Trennungsprinzips in der Haftpflichtversicherung stärkt, so vermag dessen Differenzierung zwischen Pflicht- und freiwilliger Haftpflichtversicherung nicht vollends zu überzeugen. Beide Haftpflichtversicherungen folgen grundsätzlich gleichen Regeln, einzig der Direktanspruch begründet einen Unterschied. Auch die Pflichthaftpflichtversicherung setzt eine Haftung voraus, so dass nicht recht nachzuvollziehen ist, warum diese bei der Beurteilung der Vermögenslage des Schädigers eine Rolle spielen soll, während dies für die freiwillige Haftpflichtversicherung unmaßgeblich ist. Immerhin gilt § 100 VVG für beide Haftpflichtversicherungen gleichermaßen.[40]

Auch für den Geschädigten dürfte es schwer nachvollziehbar sein, warum es für die Annahme einer Billigkeitshaftung gegebenenfalls entscheidend ist, dass ein Verkehrsunfall durch einen geisteskranken Radfahrer mit einer freiwilligen Haftpflichtversicherung, oder durch einen geisteskranken Autofahrer mit einer Pflichthaftpflichtversicherung verursacht wurde.

III.   Fallabschluss

Letztendlich ist die Haftpflichtversicherung über die Mutter nicht dem Vermögen des Schädigers zuzuschreiben bzw. sie

---

[40] Erman-Schiemann § 829 Rn. 5.

ist nicht als Haftungsbegründend anzusehen. Es mangelt demnach an einem wirtschaftlichen Gefälle zugunsten des Schädigers, was dem Hauptstreitpunkt die entscheidende Richtung geben würde. Vielmehr ist der geschädigte Lokführer als besser situiert anzusehen, da er ein festes Anstellungsverhältnis bei der Bahn mit regelmäßigem einkommen hat. Der drogenabhängige Schädiger hingegen befindet sich in einer Ausbildung und verfügt über keinerlei eigenes Vermögen.[41]

Letztendlich ist es zwar eine anerkennenswerte Leistung, dass der Kläger den Zug rechtzeitig zum Stehen gebracht hat, aber ebenfalls kein Umstand, was eine Billigkeitshaftung begründet. Zudem fehlt es an dem gemäß § 829 erforderlichen wirtschaftlichen Gefälle zugunsten des Beklagten.[42]

Ein Anspruch auf Schadensersatz aufgrund der Billigkeitshaftung ist zu verneinen.

H. Fazit und Zusammenfassung

Die Billigkeitshaftung und die dazugehörige Norm § 829 BGB ist bewusst allgemein formuliert, um den Gerichten von Fall zu Fall genügend Auslegungs- und Ermessensspielraum zu gewähren. Es ist stets zu beachten, dass sie die Ausnahmeregelung für einen Schadensersatzanspruch darstellt und den allgemeinen Regelungen der §§ 823 bis 826 bzw. unter den Voraussetzungen der §§ 827 und 828 zuzuordnen ist.

Die ergibt sich auch aus dem Grundtatbestandsmerkmal der unerlaubten deliktischen Handlung nach § 823 und, dass die Haftung gemäß einer Minderung der Verantwortlichkeit oder gemäß der Minderjährigkeit ausgeschlossen sein muss.

Da die Billigkeitshaftung direkt den Schädiger betrifft, darf keine Ersatzpflicht gegenüber eines Dritten gemäß § 832

---

[41] LG Hannover Urt. v. 13.4.2015 – 1 O 85/14, BeckRS 2015, 116501, I. 2.

[42] BGH, Urt. v. 29.11.2016 – VI ZR 606/15 (OLG Celle), Rn. 18.

bestehen. Unter der Billigkeit werden alle weiteren Rahmen-
bedingungen eines Falles zusammengefasst: Dazu gehören die
Umstände der Tat, die wirtschaftlichen- bzw. Vermögensver-
hältnisse der Beteiligten,